24 novembre 1896
Annotée

AF321365

CATALOGUE

D'ESTAMPES

ANCIENNES

Écoles Française et Anglaise du XVIII siècle

PIÈCES EN NOIR ET EN COULEUR

ORNEMENTS ET VIGNETTES

DONT LA VENTE AUX ENCHÈRES PUBLIQUES

AURA LIEU

HOTEL DES COMMISSAIRES-PRISEURS, RUE DROUOT, N° 9

SALLE N° 8

Les Mardi 24 et Mercredi 25 Novembre 1896

A deux heures précises.

<table>
<tr><td>M. MAURICE DELESTRE
Commissaire-priseur
RUE SAINT-GEORGES, 5</td><td>M. JULES BOUILLON
Marchand d'Estampes de la Bibliothèque nationale
RUE DES SAINTS-PÈRES, 3</td></tr>
</table>

K|B

[illegible]

[illegible]

[illegible]

[illegible]

CATALOGUE

D'ESTAMPES

ANCIENNES

Écoles Française et Anglaise du XVIII° siècle

PIÈCES EN NOIR ET EN COULEUR

ORNEMENTS ET VIGNETTES

DONT LA VENTE AUX ENCHÈRES PUBLIQUES

AURA LIEU

HOTEL DES COMMISSAIRES-PRISEURS, RUE DROUOT, N° 9

SALLE N° 8

Les Mardi 24 et Mercredi 25 novembre 1896

A deux heures précises.

Par le ministère de M° **MAURICE DELESTRE**, commissaire-priseur,
Rue Saint-Georges, 5

Assisté de M. **JULES BOUILLON**, marchand d'estampes de la Bibliothèque
Nationale, rue des Saints-Pères, 3

PARIS, 1896

CONDITIONS DE LA VENTE

La vente sera faite au comptant.

Les acquéreurs payeront *cinq pour cent* en sus des enchères, applicables aux frais.

M. Jules Bouillon, chargé de la direction de la vente, se réserve a faculté de rassembler ou de diviser les lots.

ORDRE DES VACATIONS

Mardi,	24 novembre	1 à 260
Mercredi, 25	—	261 à la fin.
— — —	....	Estampes en lots.

DÉSIGNATION

ESTAMPES

ADAM (Pierre)

1 — Louis XVI faisant des aumônes pendant l'hiver de 1788, d'après Hersent. Belle épreuve avant la lettre.

ALIX (P.-M.)

2 — *Baptiste* aîné. In-4°. Très belle épreuve imprimée en couleur, grande marge.

ALIX et DEMARTEAU

3 — Tête de Pleureur, — Andromaque. Deux pièces imprimées en couleur. Belles épreuves.

ANONYMES

4 — La Caisse de Ballons ou les Commis effrayés. Pièce in-4°, coloriée. Rare.

5 — Caricature sur MM. Miolan et Janinet, faite à l'occasion de leurs essais aérostatiques. Pièce in-4°, coloriée

6 — *Malesherbes*, défenseur de Louis XVI, in-fol. Très belle épreuve avant toutes lettres.

7 — Charles III, roy de Naples et d'Espagne, in-8°. Très belle épreuve toute marge.

ANSELL (d'après Ch.)

8 — The Poor Soldier, gravé par miss Ollivier. Belle épreuve en couleur.

AUDOUIN, GUDIN et LIGNON

9 — *Louis XVIII,* — *Berry* (Ch.-F., duc de), — *Berry* (Caroline-Ferdinande-Louise, duchesse de), — *Angoulême* (Madame, duchesse d'). Cinq portraits in-fol. Belles épreuves.

BANCE (A Paris, chez)

10 — Henri IV, Louis XVI et Louis XVIII, représentés dans trois médaillons posés sur une branche de lys. Belle épreuve en couleur.

BARTOLOZZI (F.)

11 — Bacchus au milieu des roches solitaires, enseignant les Nymphes à faire des vers, d'après Angelica Kauffmann. Belle épreuve.

12 — Jeune femme endormie sur un lit, un jeune homme entrant à droite, d'après Angelica Kauffmann. Très belle épreuve avant toutes lettres, imprimée en bistre, marge.

13 — Jemmy's Farewel, — Jemmy's Return. Deux pièces faisant pendant, d'après Benwell, publiées à Londres en 1786. Très belles épreuves, grandes marges.

14 — Pax Artium nutrix, d'après B. West, in-4°. Belle épreuve.

15 — *Wales* (His royal highness George, Prince of), in-fol., en pied, d'après Russell. Très belle épreuve en couleur.

BARTOLOZZI (d'après F.)

16 — Mildness, — Simplicity. Deux pièces faisant pendants, gravées par Zoffonato et G. Venzo. Très belles épreuves en couleur, marges.

BAUDOUIN (d'après P.-A.)

17 — L'Amour à l'épreuve, par Beauvarlet. Très belle épreuve, toute marge.

18 — L'Epouse indiscrète, par N. de Launay. Très belle épreuve.

19 — Les Soins tardifs, par N. de Launay. Superbe épreuve avant la lettre et avant les changements dans la tablette.

20 — La même estampe. Très belle épreuve.

21 — Le Soir, par E. de Ghendt. Superbe épreuve avant la lettre.

BEECHEY (d'après sir W.)

22 — *York* (The Dutchess of), gravé par C. Knight, 1801, in-8°. Très belle épreuve.

BENAZECH (d'après)

23 — Cecilia, gravé par Colinet. Très belle épreuve, marge.

BENOIST (A.)

24 — Portraits de Louis-le-Grand, gravés suivant ses différents âges. 1704, in-fol. Belle épreuve, marge.

BENWELL (d'après J.-H.)

25 — A Saint-Giles's beauty. Gravé par Boilet, en couleur.

BIGG (d'après W. R.)

26 — The Romps, — The Trunants. Deux pièces faisant pendants, gravées par W. Ward. Belles épreuves.

27 — The Truants, gravé par W. Ward. Très belle épreuve en couleur.

BLIGNY (A Paris, chez)

28 — Le Galant Espagnol. Belle épreuve imprimée en couleur.

BONNET (L.)

29 — La Coquette. Belle épreuve en couleur.

30 — Diane au bain, d'après Beaufort. Belle épreuve imprimée en couleur.

BOUCHER (d'après F.)

31 — Le Réveil, par Huquier fils. Superbe épreuve, grande marge.

32 — Bergère assise dans un paysage, gravé par Demarteau. Belle épreuve.

33 — Bergère surprise au bain, — Bacchante et Amour (117), Deux pièces gravées à la sanguine par Demarteau. Très belles épreuves.

BOUCHER (d'après F.)

34 — La Fleuriste, — la Leçon de musique. Deux pièces faisant pendants, gravées à la sanguine (126-127). Très belles épreuves, marges.

35 — Hercule et Omphale, gravé aux trois crayons par Demarteau. Belle épreuve.

36 — Jeune femme en buste. — Nymphe endormie. Deux pièces gravées à la sanguine par Demarteau (7 et 87). Belles épreuves.

37 — Paysage gravé à la sanguine par Demarteau (11). Deux très belles épreuves d'impression différente.

38 — Vénus et l'Amour couchés sur des draperies, — la Petite Ecole (57). Deux pièces gravées à la sanguine par Demarteau. Belles épreuves.

39 — Vénus et les Amours couchés sur des draperies, gravé à la sanguine par Demarteau (47). Belle épreuve.

40 — Vénus aux Colombes, gravé à la sanguine par Petit. Belle épreuve, marge.

41 — Vénus assise sur un lit, gravé à la sanguine par Demarteau. Très belle épreuve avant toute lettre, marge.

BOUNIEU (d'après F.)

42 — L'Espoir d'un heureux jour, gravé par L. Marin. Belle épreuve imprimée en couleur.

BOVA, élève de BARTOLOZZI

43 — *Cosway* (R.), d'après lui-même, in-4°. Belle épreuve, en couleur.

BRANDOUIN (d'après)

44 — Intérieur du Panthéon à Londres, gravé par R. Earlom. Belle épreuve, sans marge.

BROOKSHAW (R.)

45 — *Provence* (Marie-Joséphine-Louise de Savoie, comtesse de), d'après Drouais. Gr. in-fol. en manière noire. Très belle épreuve.

BROOKSHAW (R.)

46 — *Provence* (Marie-Joséphine-Louise de Savoie, comtesse de), d'après Drouais, in-fol. Très belle épreuve.

BURKE (d'après A.)

47 — Serena, gravé par Wright et Ziégler et publié en 1799 Très belle épreuve imprimée en couleur.

CALZE (d'après E.-F.)

48 — Portrait d'une jeune femme à mi-corps, dirigée à droite, gravée par V. Green. In-fol. Très belle épreuve.

CARESME (d'après Ph.)

49 — Les Amants satisfaits, par Phelipeaux. Très belle épreuve imprimée en couleur.

CARESME (d'après)

50 — La Culbute imprévue, par J. Morret. Belle epreuve imprimée en couleur.

CARICATURES

51 — Les Nouvellistes, — Le Goût du jour, — Le Lutrin de village, — Caricatures sur Cambacérès, etc. 16 pièces coloriées.

52 — Le Grand Chiffonnier, Critique du Salon de 1806. Grande pièce coloriée avec légende en bas.

CASPAR (d'après Ch.)

53 — Marie-Thérèse-Charlotte, princesse de France, gravé par T. Leon à Vienne. 1796. In-fol. Très belle épreuve, marge.

CAZENAVE

54 — *Louis XVI.* Buste fort comme nature. In-fol.

55 — *Marie-Antoinette*, reine de France. In-fol. Belle épreuve.

CLARK et DUBOURG

56 — Vue panoramique des courses aux chevaux anglais, sur la place de Doncaster, pour les enjeux de M. Saint-Léger, l'année 1812. Très belle épreuve en couleur, grande marge. *D. ug*

COCHIN et LE BAS

57 — La Madrague ou la Pêche du thon, — Le Port de Cette, etc. Trois pièces, d'après Joseph Vernet. Très belles épreuves avant la lettre.

58 — Deux pièces doubles des précédentes. Belles épreuves.

COLINET

59 — Cecilia, — Bouflers (Mme de). Deux pièces in-fol. faisant pendants. Très belles épreuves.

COSWAY (d'après R.)

60 — *Spencer* (Lady Caroline), gravé par W. Whiston Barney. 1807. Très belle épreuve.

COURVOISIER (d'après)

61 — Vue de la Barrière Saint-Denis et de la Présentation des clefs de Paris à S. M. Louis XVIII, le 3 mai 1814. Belle épreuve en couleur, marge.

62 — Vue de Paris n° 15, vue du pont des Arts prise de la statue de Henri IV, gravé par Morret. Belle épreuve en couleur, marge. *Bac. ut*

COURVOISIER et MONGIN (d'après)

63 — Vue du jardin du Roi, prise du pont qui est en face, — Vue de la place Vendôme, — Vue du pont qui conduit à la Tour du Gouverneur, dans les jardins de Mousseaux. Trois pièces gravées par Fortier, Dubois et Chapuy. Belles épreuves en couleur.

COUTELLIER (L.)

64 — *Bertinazzi* (Carlin), de la Comédie italienne. Très belle épreuve imprimée en couleur, grande marge. *D. Gi*

COUTELLIER (L.)

18 ✗ 65 — *Julien* (Mme), de la Comédie italienne. Très belle
épreuve imprimée en couleur, toute marge. *D.*

13 ✗ 66 — *Menier* (Joseph), reçu à la Comédie italienne en 1776.
Très belle épreuve du premier état, imprimée en couleur
et montée en dessin. *D.*

DAMAME-DEMARTRAIS

31 ✗ 67 — Vue du Pont-Neuf et de la Monnaie, — Vue du Palais-
Royal, — Vue du Luxembourg. Trois pièces en couleur.
Belles épreuves.

DAVID (Mlle)

4. 68 — A bas le verrou ! Pièce in-4° ovale en couleur. Belle
épreuve.

DAYES (d'après E.)

✗ 161 ✗ 69 — View of Blomsbury square, — View of Hanover square,
— View of Grosvenor square. Très belles pièces gravées
par R. Pollard et publiées en 1789. Très belles épreuves
en couleur, marges.

DEBUCOURT (P.-L.)

39 ✗ 70 — Les Chiens ayant perdu la trace, d'après C. Vernet.
Très belle épreuve en couleur, marge.

16 ✗ 71 — Combat de Hussards et de Mamelucks dans une sortie,
d'après C. Vernet. Très belle épreuve.

10 ✗ 72 — Cosaque régulier de la garde, d'après C. Vernet, en
couleur. Très belle épreuve.

21 ✗ 73 — Mameluck, — Houssard autrichien, — Uhlan prussien,
— Cuirassier prussien. Quatre pièces d'après C. Vernet.
en couleur. Très belles épreuves, marges. *D.*

✗ 74 — Route de Poissy, d'après C. Vernet, en couleur. Très
belle épreuve, marge.

✗ 12. 75 — Vues de Paris. Barrière du faubourg Saint-Martin, —
Barrière de Charenton. Deux pièces. Belles épreuves en
couleur. *D.* ✗

DEBUCOURT ET GATINE

76 — Marche d'officiers anglais, — Les Anglais à Paris, — Merveilleuse n° 23. Trois pièces d'après C. et H. Vernet, en couleur. Belles épreuves.

DENY (A Paris, chez)

77 — Le Verrou ou la Sûreté des amans, — Les Regrets inutiles. Deux pièces faisant pendant. Très belles épreuves en couleur.

DESCOURTIS

78 — L'Hermite du Colisée, d'après Hubert-Robert. Très belle épreuve imprimée en couleur.

DESRAIS (d'après)

79 — Buste de Voltaire couronné par la Renommée. In-4°. Belle épreuve.

DESSINS

80 — Croquis attribués à Watteau, Lancret et Raffet. Trois pièces.

DEPAIN (A Paris, chez)

81 — Coeffure à la Thévenet, — Coeffure à l'Extrême, — Coeffure à la Malboroug, — Coeffure à l'Indienne, — Coëffure à la Galanterie, — Cœffure à la Royale. Six pièces, in-4°, coloriées. Rares.

DIVERS

82 — Une femme mariée, — Amours sur des nuages, — Vierge et enfant Jésus, d'après Van Dyck. Quatre pièces.

83 — Costumes militaires allemands et autrichiens. Seize pièces en couleur.

84 — Sporting anecdotes n° 16, — Chevaux de courses, etc. Quatre pièces par Alken Sartorius, etc.

85 — Vues. Plans et monuments de Paris. Soixante-quinze pièces.

86 — Vues de Paris, de France et principaux endroits d'Europe, connus sous le nom de : *Vues d'optique*. Cent soixante-trois pièces.

DREVET (P.-J.)

87 — Le Couvreur Adrienne), d'après Coypel. Belle épreuve.

DREVET ET DAULLÉ

88 — *Serre* (Maria), mère de H. Rigaud, — *Caylus* (Marguerite de Valois, comtesse de). Deux portraits in-fol. d'après Rigaud. Belles épreuves.

DUGOURE (d'après D.)

89 — L'Amour au couvent. Belle épreuve avant toutes lettres, en couleur.

DUPIN

90 — *Contat* (Mlle), d'après Desrais, in-8°. Très belle épreuve avant le numéro, marge.

DUPLESSIS-BERTAUX

91 — Bataille de Marengo. Cinquante-huit épreuves à l'eau forte et en épreuves terminées, avant la lettre.

DUPONCHEL

92 — *Louis XVI*, roi de France, d'après Vanloo, in-4°. Deux belles épreuves avec toutes leurs marges.

EARLOM (R.)

93 — Colonel Mordaunt's Cock Match, d'après Zoffany. 1792. Très belle épreuve, marge.

94 — Smugglers defeated, d'après Sir F. Bourgeois. 1798. Très belle épreuve.

ÉCOLE FRANÇAISE XVIIIe SIÈCLE

95 — Miss Famie, — La Dit Boobi. Deux pièces ovales faisant pendants. Belles épreuves en couleur.

96 — Eau-forte par Fragonard et planches du Voyage en France. Quatre pièces à l'eau-forte pure.

ÉCOLE ANGLAISE XVIIIe SIÈCLE

97 — Appointment, — Le Chapeau rejetté. Deux pièces. Belles épreuves en couleur.

ÉCOLE ANGLAISE XVIIIe SIÈCLE

98 — The Blenheim Family, pièce publiée à Londres en 1830. Belle épreuve en couleur.

99 — Danse de jeunes Savoyards. Pièce in-fol. de forme ovale. Belle épreuve, en couleur.

100 — Deux bustes de jeunes Femmes dans des médaillons, faisant pendants. In-4° en manière noire. Très belles épreuves, remmargées.

101 — Deux jeunes filles se promenant dans un jardin, une portant un panier rempli de fleurs. Très belle épreuve en couleur, avant toutes lettres. Marge.

EDELINCK (G.)

102 — *Helyot* (Madame), d'après Galliot. In-fol. Belle épreuve.

EISEN (d'après F.)

103 — Jeune homme faisant partir un coup de canon. Superbe épreuve avant toutes lettres. Grandes marges.

EISEN (d'après Ch.)

104 — La Vertu sous la garde de la Fidélité, — Les Désirs satisfaits. Deux pièces faisant pendants, gravées par Le Beau et Patas. Très belles épreuves.

EISEN et LECLERC (d'après)

105 — Les Sens. Suite de cinq pièces gravées par L. Bonnet. Très belles épreuves imprimées en couleur. Marge.

FABER (Th.)?

106 — *George Ier*, roi d'Angleterre. In-fol. en manière noire. Très belle épreuve avant la lettre.

106 *bis* — Portrait d'homme décoré du cordon du Saint-Esprit. En buste, dans un médaillon, dirigé à droite. In-fol. Superbe épreuve avant toutes lettres.

FLIPART (J.-J.)

107 — *Favart* (Madame), d'après C. N. Cochin. In-8. Très rare épreuve à l'état d'eau-forte pure, avant toutes lettres et avant la bordure.

FRAGONARD (d'après H.)

108 — La Gimblette, par Bertony. Très belle et rare épreuve avant toutes lettres et avant la draperie.

FRERET (d'après)

109 — Bouquets de roses. Deux pièces gravées par Ruotte. Belles épreuves imprimées en couleur.

FRETICH (M.)

110 — *Sontag* (Mlle H.), cantatrice de la chapelle de S. M. le roi de Prusse. In-4. en couleur. Belle épreuve sur chine.

FREUDEBERG (d'après S.)

111 — Les Confidences, par C.-L. Lingée. 1774. Très belle épreuve.

112 — L'Événement au bal, par Duclos et Ingouf. Très belle épreuve.

113 — Lison dormait, par P.-H. Trière. Très belle épreuve.

GAILLARD (R.)

114 — *Galitzin* (Catherine, princesse de), d'après Van Loo. In-fol. Belle épreuve.

GARNERAY (d'après L.)

115 — Promenades aériennes, — Jardin Baujon. Belle épreuve en couleur.

GAUCHER ет HUBERT

116 — *Brissac* (J.-P. Timoléon de Cossé, duc de), d'après Pougin de Saint-Aubin, — *Louis XVI*, roi de France, — *Hénault* (Ch. J.-F.), d'après Cochin. Trois portraits in-8 et in-4. Belles épreuves. Toutes marges.

GAVARNI

117. — Les Parisiens, — Frontispices de romances et planches
du journal l'*Artiste*. Trente pièces. Belles épreuves,
dont quelques-unes avant la lettre.

GAVARNI (d'après)

118 — Les douze mois de l'année, dernière œuvre de Gavarni.
Deux suites.

GODEFROY, SAINT-AUBIN et SCHMIDT

119 — *Maury* (Jean Sifrein), — *Perronet* (J.-R.), — *Caylus*
(Ch. G. de Tubières de), évêque d'Auxerre. Trois portraits in-fol. Belles épreuves.

GREEN (V.)

120 — Léda sortant du bain, d'après Wilson, 1771. Très belle
épreuve avant la lettre. Marge.

121. — Vénus Anadyomène, d'après James Barry, 1772. Très
belle épreuve. Marge.

122 — Charlotte, queen of Great Britain and the Princess
Royal, d'après B. West, 1778. Très belle épreuve.

GREUZE (d'après J.-B.)

123 — Le Gâteau des rois, par J.-J. Flippart, 1777. Très belle
épreuve.

124 — Les Premières Leçons de l'Amour, par Voyez l'aîné.
Très belle épreuve. Marge.

125 — La Privation sensible, par J.-B. Simonet. Très belle
épreuve. Toute marge.

126 — Études de têtes d'enfants. Deux pièces gravées à la
sanguine, par Lucien et Rosalie Hémery. Belles épreuves.
Marges.

GRIFFIN et LOVE

127 — La Mort de Cléopâtre. Belle épreuve.

GUYOT

13. 128 — Clémence d'Henri IV, d'après N. Delerive. Très belle épreuve imprimée en couleur. Marge.

HAMILTON (d'après W.)

129 — Les Premiers pas, gravé par T. Delâtre, élève de Bartolozzi Très belle épreuve en couleur.

HARMAR (T.)

130 — To the Banquet, — From the Banquet. Deux pièces faisant pendants, publiées en 1783. Très belles épreuves en couleur. Grandes marges.

HENRIQUEL-DUPONT, LEVASSEUR, GIRARD ET DIEN

131 — *Demarquay* (le D^r), d'après Cabanel, — *Brongniart* (Alexandre), — *Delécluze*, d'après Benouville, — *Gatteaux* (N.-M.), d'après Ingres. Quatre portraits in-fol. Belles épreuves.

HENRIQUEZ, MALEUVRE ET VANDER BRUGGEN

132. — *Alembert* (J. d'), d'après Jollain, — *Aranda* (le comte d'), d'après Bounieu, — *Vander Bruggen* (Jean), graveur, — *Brizard*, gravé par Avril, d'après Mme Guiard. Quatre portraits in-fol. Belles épreuves.

HOPPNER (d'après J.)

133 — *Orange* (Her royal highness the Princess of), gravé par P. Condé. Très belle épreuve. Marge.

134 — Fetching Water, gravé par T. Nugent, et publié en 1804. Très belle épreuve en couleur.

HUBERT-ROBERT (d'après)

135 — Fontaine et Monuments, — Le Grenier. Deux pièces gravées par Saint Non. Belles épreuves en couleur.

HUET (d'après J.-B.)

136 — Vénus et l'Amour, gravé par Voisard. Belle épreuve avant la lettre.

INCROYABLES

XXX 137 — Arrivée des remplaçants, ou tableau de Paris et de
la France en floréal. Très belle épreuve en couleur.
Marge.

JANINET (F.)

138 — Bacchus préside à la fête, d'après Carême. Belle
épreuve imprimée en couleur.

140 — Restes du palais du pape Jules, d'après Hubert-Robert.
Très belle épreuve imprimée en couleur.

141 — Vénus désarmant l'Amour, d'après Charlier. Très belle
épreuve imprimée en couleur. Sans marge.

142 — Vénus en réflexion, d'après Charlier. Très belle épreuve
imprimée en couleur. Sans marge.

143 — Vues des principaux monuments de Paris, d'après
Durand. Soixante-sept pièces in-4. Belles épreuves avec
marge. Coloriées.

144 — *Henri IV*, roi de France, — *Sully* (Maximilien de
Béthune, duc de). Deux portraits faisant pendants,
d'après Porbus. Belles épreuves imprimées en couleur.

JANINET, CAMPION ET GUYOT

145 — Vues de Paris, d'après Durand Testard et Sergent.
Treize pièces. Belles épreuves imprimées en couleur.

JANINET (F.) ET GUYOT

146 — Buste de jeune femme avec grand chapeau, — Costume
de M. Bellecour, dans le *Marquis du Retour imprévu*.
— M. Clairval, dans *Richard Cœur de Lion*. Trois pièces
en couleur.

JAZET

147 — Divorce de l'impératrice Joséphine, d'après Schopin.
Belle épreuve.

JAZET

148 — *David* (Louis), d'après Odevaere. In-fol. en pied. Belle épreuve.

JULIEN (J.-L.)

149 — Le Riche du jour ou le prêteur sur gages, — Pauvre Rentier ruiné. Deux pièces en couleur. Belles épreuves.

KAUFFMANN (d'après ANGELICA)

150 — Le Colin-Maillard, gravé par Phelippeaux. Très belle épreuve, imprimée en couleur. Toute marge.

LANDSEER (J.)

151 — Les Principaux compositeurs de musique, représentés en médaillons sur une grande planche. In-fol. en hauteur, d'après Loutherbourg. Très belle épreuve en couleur.

LANGLOIS

152 — *Joly* (Marie-Élisabeth), du Théâtre-Français. In-4. Superbe épreuve avant toutes lettres. Toute marge.

LAVREINCE (d'après N.)

153 — L'Accident imprévu. — La Sentinelle en défaut. Deux pièces faisant pendants, gravées par Darcis. Très belles épreuves.

154 — Les Soins mérités, par De Launay le jeune. Très belle épreuve. Marge.

155 — Valmont and Présidente de Tourvel, gravé par Romain Girard. Très belle épreuve. Toute marge.

LE BARBIER (d'après J.-L.)

156 — Bienfaisance du Roy, gravé par J.-C. Le Vasseur. Belle épreuve.

LEBEL (d'après F.)

157 — La Fidélité en défaut, par A.-F. Hemery. Très belle épreuve. Grande marge.

LE CŒUR (A Paris chez)

158 — Vues des principaux monuments de Paris. Vingt pièces imprimées sur cinq feuilles. Belles épreuves en couleur. Marges.

LEGOUX

159 *Dauberval* (Jean-Bercher), — *Dauberval* (Mⁿᵉ Théodore). Deux portraits faisant pendants, d'après Lefèvre. Belles épreuves. Marges.

LE MESLE (d'après P.)

160 — Le Cuvier, par Fillœul. Belle épreuve.

LE PRINCE (d'après J.-B.)

161 — L'Amour à l'Espagnole, par Aug. de Saint-Aubin et N. Pruneau. Très belle épreuve.

LEVACHEZ

162 — Louis XVIII, représenté assis dans son cabinet, d'après Robert Lefèvre. In-fol. Belle épreuve en couleur.

M...

163 — Adieux de Napoléon à son armée. Fontainebleau, le 20 août 1814, d'après D... Belle épreuve.

MALLET (d'après)

164 — Qui va là ? Pièce en largeur. Superbe épreuve avant toutes lettres. Marge.

MARCHAND (A Paris chez J.)

165 — Médailles grotesques. Suite de six pièces imprimées sur trois feuilles, plus Deux doubles avant la lettre. Très belles épreuves en couleur. Marge.

DE MARE (T.)

166 — *Emma*, reine de Hollande. In-fol. Épreuve d'artiste.

MARIAGE

167 — Oh ! je ne le manquerai pas !!! Belle épreuve imprimée en couleur.

MARIN (L.)

168 — The Charmers of the Morning. Belle épreuve imprimée en couleur, montée en dessin.

169 — La même estampe. Très belle épreuve.

170 — The Pleasures of Éducation. Très belle épreuve imprimée en couleur.

MARTINET ET FRANCK

171 — *Pasquier* (Étienne-Denis, duc de), d'après H. Vernet, — *Morny* (le duc de), d'après Robert, avant la lettre. Deux pièces. Épreuves sur chine.

MASSARD (R. U.)

172 — Louis XVIII, roi de France, d'après Gérard, 1819. In-fol. Belle épreuve.

MECOU

173 — Portrait d'une jeune femme coiffée d'un chapeau garni de plumes, d'après H. Benner. In-4. Très belle épreuve avant la lettre. Marge. -

MOREAU (J.-M.) LE JEUNE

174 — Arrivée de la Reine à l'Hôtel de Ville. Très belle et épreuve avant la lettre. Rare

MOREAU (d'après J.-M.)

175 — Les Adieux, par De Launay le jeune. Belle épreuve.

176 — La Course de chevaux, par Guttenberg. Belle épreuve.

177 — La Dame du palais de la Reine, par P.-A. Martini. Belle épreuve.

178 — Déclaration de la Grossesse, par P.-A. Martini. Très belle épreuve.

179 — J'en accepte l'heureux présage, par Ph. Trière. Belle épreuve.

180 — Le Pari gagné, par Cameligue. Belle épreuve.

MOREAU (d'après J.-M.)

181 — La Rencontre au bois de Boulogne, par Guttenberg. Belle épreuve.

182 — La Rencontre au bois de Boulogne, par H. Guttenberg. Belle épreuve, marge.

MORLAND (d'après G.)

183 — African hospitality, gravé par J.-R. Smith. 1802. Très belle épreuve, en couleur.

184 — Prepanning a recrut, gravé par Aug. Le Grand. 1798. Belle épreuve en couleur.

185 — Stable amusement, gravé par W. Ward. 1801. Très belle épreuve en couleur, grande marge.

186 — The Elopement, par Bartolotti. Très belle épreuve.

187 — The first of September, Evening. Gravé par W. Ward. Belle épreuve imprimée en couleur.

MORLAND et SINGLETON (d'après)

188 — The fruits of early industry and œconomy, — The effects of extravagance and Idleness, — Industry and Œconomy, — Extravagance and Dissipation. Suite de quatre pièces gravées par Darcis. Très belles épreuves imprimées en couleur.

MORRET (J.-B.)

189 — Arrivée à la fontaine de Jouvence, — Effets merveilleux de la fontaine de Jouvence. Deux pièces faisant pendants, d'après Paquet. Très belles épreuves en couleur, grandes marges.

MULLER, COCHIN et ROSBACH

190 — *Graaf* d'après lui-même, épreuve avant la lettre. — *Sarazin* (Jacques), sculpteur, — *Freund* (Jean-Ch.), peintre. Trois portraits in-fol. Belles épreuves.

ORNEMENTS

191 — **Babel.** Planches tirées du Vignole publié vers 1747 et de l'Architecture de Deneufforge. Quarante-deux pièces.

192 — **Babel et autres.** Cartouches, frises et ornements variés. Vingt-neuf pièces.

193 — **Berain (J.).** Arabesques, meubles, girandoles, cheminées, etc. Treize pièces.

194 — **Boucher (F.).** Nouveau livre de vases. Cahier complet de sept feuilles, y compris le titre. Epreuves à toutes marges.

195 — **Bouzonnet (Françoise).** Frises et entrelacs. Huit pièces.

196 — **Cauvet (G.-P.).** Arabesques, cartouches, trophées, frises, etc. Vingt-et-une feuilles.

197 — **Cerinus (Petrus).** Frises d'ornements. Quatre pièces, gravées à Rome par N. Billy.

198 — **Charpentier et Huquier.** Trophées, arabesques. Dix-neuf pièces.

199 — **Delafosse (J.-Ch.).** Cahier de douze flambeaux et chandeliers de table, cahier C. C., complet en six feuilles gravées par Berthault.

200 — Cahier de pendules, feux, tables, gaînes, etc. Cahier K. K. complet en six feuilles gravées par Berthault.

201 — Le même cahier complet en épreuves à toutes marges.

202 — Cartels, Ecussons, Trophées, etc. Soixante-six pièces.

203 — Poêles, Piédestaux, Vases, Fontaines, Tombeaux, Guéridons, etc. Treize pièces.

204 — Tombeaux, Chaires, Arabesques, par Guyot, d'après Lavallée-Poussin. Vingt-six pièces.

205 — **Dessins.** Décorations rocailles pour jardins. Deux dessins au lavis d'encre de Chine.

ORNEMENTS

206 — **Divers**. Cartouches et encadrements par Toro et Marillier. Quatre pièces.

207 — Encadrements et Cartouches par Fay, Deneufforge,
Boucher fils, etc. Trente-cinq pièces.

208 — Frises, Arabesques, Encadrements et sujets variés.
Trente-une pièces.

209 — Objets d'art anciens, reproduits à l'eau-forte par Jacquemart, Lièvre, Greux, Le Rat, etc. Trente-huit pièces
en épreuves avant la lettre.

210 — Plans de feu d'artifice, — Tables, — Décorations pour
alcôves et meubles divers. Vingt-deux pièces par Deneufforge, Lalonde, Roubo, Dumont, Pineau, etc.

211 — Vases, Chaires, Bijoux, etc., par Lepautre, Deneufforge,
Delafosse, Morison, P. de Caravage. Trente-cinq pièces.

212 — Vases, Principes d'ornements, Orfèvrerie d'église,
Frises, etc. Quatorze pièces par Delafosse, Cauvet et
Forty.

213 — **Ducerceau** (J.-A.). Grotesques ou grandes Arabesques. Suite de trente-quatre pièces. Très belles épreuves.

214 — **Fay** (J.-B.). VIe cahier d'Arabesques, complet de six
feuilles, en épreuves à grandes marges.

215 — VIIIe cahier d'Arabesques et Bordures. Cinq pièces,
manque le n° 6.

216 — **Forty**. Cahier de six pendules à l'usage des fondeurs,
gravées par Colinet. Complet en six feuilles, avec marges.

217 — **Forty** et **Delafosse**. Appliques, Flambeaux, Pendules, etc. Dix pièces.

218 — **Ghisi** (G.). Les Angles de la chapelle Sixtine, d'après
Michel-Ange, et autres sujets. Six pièces.

219 — **Guyot**. Arabesques d'après Lavalée-Poussin. Vingt-une
pièces. Epreuves avec toutes marges.

ORNEMENTS

5 — 220 — Arabesques d'après Berthelot, Lavalée-Poussin, Le-
clerc, etc. Quatorze pièces.

3.50
221 — **Huet** (J.-B.). Fragments d'antiques et modernes. Trois
pièces.

222 — **Jacquemart** (J.). Planches tirées de l'histoire de la
Bibliophilie, Bijoux et objets variés du XVIᵉ siècle, par
divers artistes. Vingt-une pièces.

3. 223 — **Lalonde.** Cahier de Bordures à l'usage de la sculpture, etc., avec leurs profils. Complet en six feuilles
gravées par Berthault.

9. 224 — Le même cahier complet avec le titre : 1ᵉʳ cahier de
l'œuvre de Lalonde. Cahier A.

8 225 — IIIᵉ cahier de Bordures à l'usage de la sculpture, etc.,
avec leurs profils. Cahier D de six pièces gravées par
Berthault.

8- 226 — Le même cahier, également complet.

12. 227 — (VIᵉ cahier de l'œuvre de Lalonde.) Cahier de petites
Bordures à l'usage des artistes. Cahier F de six feuilles
gravées par Foin.

16 228 — (VIIᵉ cahier de l'œuvre de Lalonde.) Cahier de Portes,
Corniches et Entablements décorés, avec les profils.
Cahier G de six feuilles gravées par Le Meunié.

19- 229 — Cahier de Girandoles, Candélabres et Lustres, avec
leurs plans. VIIIᵉ cahier de l'œuvre H. complet en six
feuilles gravées par Foin. Epreuves à toutes marges.

20 230 — Le même cahier complet, également en épreuves à
toutes marges.

11- 240 — (Xᵉ cahier de l'œuvre de Lalonde.) Chambranles de
cheminées. Cahier K de six feuilles gravées par Foin.

13- 241 — Le même cahier complet. Epreuves à toutes marges.

*10.224*ᵇⁱˢ

*12 241*ᵇⁱˢ

ORNEMENTS

242 — (XVII° cahier de l'œuvre de Lalonde.) Cahier de Bordures et de Corniches d'appartement, avec le retour au plafond, et leurs profils. Cahier R de six feuilles gravées par Foin.

243 — XVIII° cahier de l'œuvre de Lalonde.) Cahier de Corniches et de moulures pour meubles et autres usages, avec leurs profils. Cahier de six feuilles gravées par Foin.

244 — (3° cahier de l'œuvre de Lalonde.) Cahier de Pieds de meubles à divers usages. Cahier C complet en six feuilles gravées par Le Meunié.

245 — Le même cahier complet. Epreuves à toutes marges.

246 — (5° cahier.) Cahier de Tables et Consoles, avec leurs plans. Cahier E. complet, en six feuilles gravées par Foin.

247 — Bordures à l'usage des artistes. Treize pièces gravées par Berthault et Foin.

248 — Portes, Corniches et Entablements décorés, avec leurs profils. Douze pièces de différents cahiers.

249 — **Le Brun** (d'après). Décoration du grand escalier de Versailles. Vingt-une pièces.

250 — **Lepautre**. Vases. Vingt-quatre pièces.

251 — **Lucotte** et **Deneufforge**. Planches tirées de « l'Encyclopédie » et de «l'Architecture» de Deneufforge. Vingt-cinq pièces.

252 — **Michel** (d'après). XI° cahier d'Arabesques. Suite de six pièces gravées par Juillet. Belles épreuves. Marges.

253 — **Mondon**. Modèles de décoration pour une Boite à poudre. Cinq pièces.

254 — **Pariset, Ranson** et **Jacque**. Bouquets de fleurs et Vases de fleurs. Vingt-sept pièces.

255 — **Petit** (Jacob). Cheminées, Candélabres, Autels, Baignoires, Milieu de table, Cassolettes, Fontaines à thé, etc. Quinze pièces.

ORNEMENTS

256 — **Ranson**. V° cahier de Groupes de fleurs et d'Ornements pour la décoration. Cahier D. complet en six
feuilles gravées par Berthault. Épreuves à toutes marges.

257 — Le même cahier complet. Très rares épreuves avant la
lettre.

258 — Trophées et Attributs. Quatorze pièces de différents
cahiers.

259 — **Raphaël** (d'après). Divers Ornements de Raphaël
peints aux « ambrazures des fenestres » du Vatican.
Suite de six pièces gravées par Baudet. Belles épreuves
avec marges.

260 — **Salambier**. Cahier d'Arabesques composées et gravées par Salembier. Cahier B. complet de six feuilles.

261 — Arabesques, Ornements et Frises. Dix pièces de trois
différentes suites.

PAUQUET (L.)

262 — *Bossuet* (J.-B.). Évêque de Meaux, d'après Rigaud.
Deux épreuves avant toutes lettres, dont une à l'eau-
forte pure. Toutes marges.

PAYE (d'après R.-M.)

263 — Boys playing at marbles, gravé par R. Pollard. 1786.
Très belle épreuve.

PERCIER (d'après)

264 — Titre pour le sacre de Napoléon, gravé par Malbeste.
Rare épreuve avant la lettre.

PETERS (d'après W.)

265 — Belinda, gravé par Dunkarten, publié en 1777. In-fol.
Très belle épreuve.

POILLY (A Paris chez de)

266 — Représentation du feu d'artifice et de l'illumination élevés dans la Grève par ordre de MM. les Prevost des Marchands et Echevins de la ville de Paris, en réjouissance de l'heureux rétablissement de la santé du Roi, le 10 septembre 1744. Belle épreuve en couleur. Rare.

POLLARD (A Londres chez R.)

267 — The fare-well. Pièce in-4 en couleur, publiée en 1785. Belle épreuve.

PRUD'HON (d'après P.-P.)

268 — Le Dessinateur, gravé par Noël. Belle épreuve.

QUEVERDO (d'après F.-M.)

269 — Le Sommeil interrompu, par Dambrun. Superbe épreuve avant la dédicace. Grande marge.

RÉVOLUTION (Pièces sur la)

270 — La Journée à jamais mémorable aux Français, où Louis XVI, restaurateur de la liberté française, se rendit à l'Hôtel de Ville le 17 du mois de juillet 1789. Belle épreuve en couleur.

271 — Arrestation du Roi et de sa famille, désertant le royaume. Pièce coloriée, avec légende au bas. Très belle épreuve, toute marge.

272 — Révolution de Pologne. Grande pièce coloriée, avec légende.

273 — Bulles du XVIII° siècle. Pièce coloriée, avec légende en bas, publiée chez Potrelle. Belle épreuve, toute marge.

REYNOLDS (d'après sir J.)

274 — The Bird, gravé par J. Dean. 1786. Très belle épreuve, marge.

275 — *Kauffman* (Angelica), gravé par F. Bartolozzi. Très belle épreuve.

REYNOLDS (d'après sir J.)

276 — Orléans (Son Altesse Sérénissime Louis-Philippe-Joseph, duc d'), gravé par J.-R. Smith. In-fol. en pied. Très belle épreuve.

277 — Portrait d'une jeune fille assise, le menton appuyé sur sa main gauche relevée, gravé par J. Finlayson. 1773. Très belle épreuve avant la lettre, grande marge.

278 — *Reynolds* (Sir Joshua), d'après lui-même, gravé par J. Watson. Très belle épreuve.

279 — A Shepherd Boy, gravé par J. Barney. Très belle épreuve en couleur.

280 — *Spencer* (Lady) et sa fille, gravée par S. Paul. In-fol. Très belle épreuve, marge.

REYNOLDS (S. W.)

281 — King William the fourth, d'après Andrew Morton. 1832. In-fol. en pied. Très belle épreuve.

ROUSSEAU (J.-F.)

282 — Eugénie, ou la Noblesse, d'après Cochin. In-8. Très belle épreuve, toute marge.

RUGENDAS

283 — La Bataille des Nations de Leipzig le 19 octobre 1813, — Bataille de Bar-sur-Aube le 27 février 1814, — Bataille d'Arcis le 21 mars 1814. Trois pièces en couleur. Très belles épreuves, marges.

RUSSELL (d'après J.)

284 — The Cottage Grandfather, gravé par Th. Williamson, 1811. Très belle épreuve en couleur.

285 — Tom and his Pidgeons, gravé par Knight, et publié en 1792. Très belle épreuve en couleur.

RUSSELL (d'après S.)

286 — Arethusa, gravé par S.-R. Smith. Très belle épreuve.

RYLAND (W.)

287 — La Sultane au repos. Belle épreuve imprimée en sanguine.

SAINT-AUBIN (d'après G. DE)

288 — Ballet dansé au théâtre de l'Opéra, dans « le Carnaval
du Parnasse », gravé par F. Basan. Très rare épreuve
à l'état d'eau-forte, avant toutes lettres et avant les
armes.

289 — La Guinguette, divertissement pantomime du Théâtre-
Italien, gravé par F. Basan. Très belle épreuve.

SAYER (R.)

290 — Beauty in Search of Knowledge. Pièce in-4, publiée
en 1782. Très belle épreuve en couleur.

SCHALL (d'après F.)

291 — Les Espiègles, par Descourtis. Très belle épreuve imprimée en couleur, marge.

292 — Finissez ! par Marchand. Très belle épreuve avant
toutes lettres.

293 — Les Oies de frère Philippe, par Laindor de Toulouse.
Belle épreuve en couleur.

SCHIAVONETTI (N.)

294 — Betsy in Trouble, — The Dog's first Sight of Himself.
Deux pièces faisant pendants, d'après J. Russell. Très
belles épreuves imprimées en couleur.

SERGENT (A.)

295 — Le Galant Militaire. Jolie pièce de forme ovale. Très
rare épreuve à l'eau-forte pure.

296 — *Necker* (M'), d'après Duplessis. In-4. Belle épreuve imprimée en couleur.

SHELEY (d'après S.)

297 — Rosalind, Celia and Orlando, gravé par C.-G. Playter,
et publié en 1786. Belle épreuve en couleur, marge.

SINGLETON (d'après H.)

298 — British Plenty, — Scarcity in India. Deux pièces faisant pendants, gravées par Bartoloti. Très belles épreuves imprimées en couleur. &

299 — The destruction of the Bastille, July 14th 1789. Gravé par W. Nutter. Très belle épreuve.

300 — The Savoyards, gravé par C. Turner, publié en 1800. Très belle épreuve.

301. — Yoricks grave, gravé par Namesche et publié à Londres en 1792. Très belle épreuve.

SMITH (J.)

302. — *Ranelagh* (The Countess of) d'après G. Kneller. In-4. Très belle épreuve.

STOTHART (d'après)

303. — Faire Emmeline, gravé par Simon et publié en 1787. Très belle épreuve.

STUBBS (d'après G.)

304. — Mambrena, gravé par C. H. Hodges. Très belle épreuve.

THIERY

305. — Vue perspective du Palais de la Chambre des députés et l'entrée du Pont Louis XVI, — Vue perspective de l'Arc de Triomphe du Carrousel et d'une partie du Palais des Tuileries. Deux pièces. Belles épreuves en couleur.

TIGER (A Paris chez)

306. — Calendrier pour l'année 1812; en haut, les portraits de Napoléon et de Marie-Louise. &

TISCHBEIN (d'après)

307. — La Reine de Prusse après la bataille de Iéna. Gravé par Prot. Belle épreuve.

VERMEULEN, LOMBART ET PROBST

308. — *Borcht* (Nicolas Vander), — *Herbert* (comtesse), — *Titon* (Marguerite Becaille, veuve de Maximilien. Trois portraits in-fol. d'après Van Dyck et Rigaud. Belles épreuves.

VERNET (d'après C.)

309. — Les Ennuyés chez eux, par Coqueret. Belle épreuve en couleur.

310. — Les Gastronomes sans argent, par Commarieux. Belle épreuve en couleur.

311. — Mamcluck au repos. — Chef de Mamelucks. Deux pièces faisant pendants, gravées par Jazet. Très belles épreuves.

VERNET (d'après C. et H.)

312. — Chevaux de courses. Deux pièces gravées par Carrée et Levachez. Belles épreuves.

VERNET (d'après H.)

313. — Les Derniers Adieux. Belle épreuve avant toutes lettres.

VIGNETTES

314. — **Borel** (D'après). Suite de vingt-quatre vignettes in-12, imprimées à quatre sur une même feuille, pour Télémaque. Épreuves à toutes marges.

315. — **Chasselat.** Vignettes in-8 pour les Mille et une Nuits, fleurons et sujets pour divers ouvrages. Cinquante-quatre pièces.

316. — **Chodowiecki** (D.). Fleurons, figures et vignettes-en-tête pour Gil-Blas. Onze pièces.

317. — **Divers.** Illustrations pour les Fables de La Fontaine gravées sur bois et compositions in-fol. d'après Oudry. Deux Cent sept pièces.

318. — Illustrations pour les Contes et les Fables de La Fontaine gravures sur bois et sur cuivre. Deux cent-vingt-neuf pièces.

VIGNETTES

319. — Vignettes in-8, pour les Contes de La Fontaine, d'après Eisen, Janet-Lange, Tony Johannot, etc. Vingt-cinq pièces.

320. — Fleurons-en-tête de pages. Titres et tabatières, etc. Cent treize pièces.

321. — Vignettes dépareillées d'après Eisen, Restout, Marillier, Moreau, Laffitte, Caresme, Monnet, Gravelot, Monsiau, Cochin, etc. Soixante pièces.

322. — Vignettes d'après Eisen, Monnet, Moreau, etc. Trente-neuf pièces.

323. — Vignettes pour les œuvres de J. Delille, dessinées et gravées par Ferdinand, Fortier, Frilet, Gaitte, Gérout, etc. Vingt-trois pièces. Epreuves avant la lettre.

324. — La même suite. Epreuves également avant la lettre, sur chine, tirée de format in-4.

325. — Illustrations in-8 et in-4 pour les Contes de La Fontaine par Hersent, Deveria, Eisen et Boucher. Treize pièces.

326. — Illustrations d'après Cochin, Le Barbier, Eisen, Moreau, Gravelot, Marillier, De Sève, etc. Soixante-six pièces.

327. — Vignettes in-8 et in-4 d'après Cochin, Moreau, Gravelot, pour les œuvres de Voltaire et de Rousseau. Cent neuf pièces.

328. — Vignettes in-8 et in-12 pour les Contes de La Fontaine, d'après Eisen, Simon et Coiny, etc. Trente-neuf pièces.

329. — Illustrations d'après Desrais, Monnet, Moreau, Marillier, Le Barbier, Cochin, Monsiau, Duvivier, etc., pour publications du XVIIIe siècle. Cent quarante-six pièces, en grande partie avant la lettre.

330. — Illustrations gravées sur bois et sur acier pour les œuvres de Béranger, d'après Grandville, Charlet, Bellanger, de Lemud, etc. Soixante-dix pièces.

VIGNETTES

331. — **Duplessis-Dertaux**. Vignettes-en-tête de pages pour les Contes de La Fontaine et les Petits Conteurs. Quarante pièces en épreuves avant la lettre.

332. — **Eisen** (D'après Ch.) Vingnettes in-8 et in-4 dépareillées de divers ouvrages. Vingt-neuf pièces.

333. — Onze gravures in-8, pour illustrer un roman du XVIIIe siècle. A toutes marges.

334. — **Foulquier**. Quinze vignettes-en-tête de pages, pour les lettres de Madame de Sévigné. Épreuves avant la lettre, sur chine, tirées de format in-fol.

335. — **Gravelot** (D'après H.). Suite de gravures in-4, par divers graveurs, pour les œuvres de Voltaire. Quarante-deux pièces. Très belles épreuves avec grandes marges.

336. — Almanach iconologique Treize pièces.

337. — Vignettes in-8 pour les œuvres de Voltaire, 1819. Vingt-sept pièces.

338. — **Johannot** (T.) Suite de dix vignettes in-8, pour Werther. Épreuves avant la lettre sur chine, tirées de format in-fol.

339. — Suite de douze vignettes in-8 et un portrait, pour les œuvres de La Fontaine.

340. — **Marillier** (D'après C.-P.). Vignettes pour le Déserteur, les Contes de fées, et les œuvres de Baculard d'Arnaud. Seize pièces.

341. — **Moreau** (D'après J.-M.). Vignettes pour les œuvres de Voltaire, la Bible, etc. Vingt-sept pièces, avant la lettre et eaux-fortes.

342. — Vignettes pour les œuvres de Voltaire et autres auteurs. Quinze pièces, dont sept avant la lettre.

343. — Gravures in-4 par divers graveurs, pour Héloïse et Abeilard. Treize pièces.

VIGNETTES

344. — **Moreau** (D'après J.-M.) et **Marillier**. Suite de douze vignettes, dont un portait gravé par Tardieu d'après Rigaud, pour les œuvres de Regnard. Belles épreuves, à toutes marges.

345. — **Ransonnette**. Illustrations pour les Fables de La Fontaine. Quarante-six pièces in-8. Epreuves sur chine à toutes marges.

WESTALL (d'après R.)

346. — Venus and her doves, gravé par E. Scriven. Très belle épreuve, en couleur.

WHEATLY (d'après F.)

347. — L'École, gravé par J. Cotes. Belle épreuve, imprimée en couleur.

348. — The Gold-Finch, gravé par F. Bartolozzi, 1789. Très belle épreuve, marge.

349. — Marchande de Primeroses, gravée par L. Schiavonetti, 1801. Très belle épreuve en couleur.

350. — The Return from Market, gravé par Knight et publié en 1789. Belle épreuve.

WOLSTENHOLME (d'après D.)

351. — Préparatifs de départ pour la chasse. — La Chasse. Deux pièces numérotées 1 et 2, gravées par Reeve. Très belles épreuves imprimées en couleur, marges.

Imp. D. Dumoulin et C⁴, à Paris.

Schum.   Schumberger

May.	Mayer
Mor.	Morgand
Ro.	Roblin
Ha.	Hahn
And.	André
Bru.	Bruck
Cor.	Corquet
de M.	t. A. de Moailbs
V.Z.	Van zuilen
Dares.	Darissy
Sch.	Schveisguth
Vey	Weymann
d.V.	de Villeneuve
J.B.	J. Bouillon
Desli.	Des Ligneries
d.F.	de Fleury.

PARIS

IMPRIMERIE DE D. DUMOULIN ET Cie

5, rue des Grands-Augustins, 5

www.ingramcontent.com/pod-product-compliance
Lightning Source LLC
LaVergne TN
LVHW020444060726
842525LV00005B/1536